INSTRUCTION DU 30 JUIN 1920

POUR

L'APPLICATION DE LA LOI DU 31 MARS 1919

SUR LES

PENSIONS MILITAIRES
POUR INFIRMITÉS

ET DU DÉCRET DU 2 SEPTEMBRE 1919

portant règlement d'administration publique pour l'application
de ladite loi.

2e PARTIE.

PARIS
HENRI CHARLES-LAVAUZELLE
Éditeur militaire
124, Boulevard Saint-Germain, 124

MÊME MAISON À LIMOGES

Année 1920.

RÉPUBLIQUE FRANÇAISE.

MINISTÈRE DES PENSIONS, PRIMES ET ALLOCATIONS DE GUERRE.

INSTRUCTION DU 30 JUIN 1920

POUR

L'APPLICATION DE LA LOI DU 31 MARS 1919

SUR LES

PENSIONS MILITAIRES
POUR INFIRMITÉS

ET DU DÉCRET DU 2 SEPTEMBRE 1919

portant règlement d'administration publique pour l'application
de ladite loi.

2e PARTIE.

PARIS
HENRI CHARLES-LAVAUZELLE
Éditeur militaire
124, Boulevard Saint-Germain, 124
MÊME MAISON A LIMOGES

**Ministère des Pensions, des Primes et des Allocations de guerre;
Direction de la Liquidation et de l'État Civil; Section Administrative.**

*Instruction (2e partie) pour l'application de la loi du 31 mars 1919
sur les pensions militaires pour infirmités et du décret du 2 septembre 1919 portant règlement d'administration publique pour
l'application de ladite loi.*

Classement à l'édition méthodique : *Volume 66*, *non encore publié.*

N° 960/Ad.   Paris, le 30 juin 1920.

IIE PARTIE.

SERVICE DE L'INTENDANCE.

PRÉAMBULE.

L'instruction du 31 mai 1920 n° 8 E.-M./P a codifié, en ce
qui concerne le service des expertises médicales, les prescrip-
tions en vigueur relatives aux droits à pension d'invalidité.

La présente instruction, qui constitue la deuxième partie de
l'instruction précitée et qui devra être insérée à sa suite, a
pour but d'indiquer dans quelles conditions le service de l'intendance doit procéder à la liquidation des droits à pension
d'invalidité et à la constatation et à la liquidation des droits à
pensions de veuves ou d'orphelins et à allocation d'ascendants
et de préciser à cet égard les règles générales fixées par le
décret du 20 avril 1920 et l'instruction du 3 juin 1920.

Il est rappelé que les dossiers de pension d'invalidité sont
constitués par les soins du centre de réforme avec lequel le
sous-intendant militaire départemental se tient en liaison cons-
tante; ce sous-intendant militaire, sans s'immiscer dans l'orga-
nisation du service du centre, donne les conseils nécessaires
pour que les dossiers soient, au point de vue administratif, très
rapidement en état d'être transmis, et lorsque ces dossiers sont

définitivement constitués, les vérifie sur place, et les adresse après mise au point, au sous-intendant régional des pensions.

Ce fonctionnaire procède aux opérations de liquidation nécessaires et adresse les dossiers à la commission consultative médicale qui, après examen, les fait parvenir à l'administration centrale.

En ce qui concerne les dossiers de veuves, orphelins ou ascendants, ils sont constitués à la diligence des sous-intendants départementaux et transmis par eux au sous-intendant régional qui, après liquidation, les expédie à l'administration centrale.

CHAPITRE PREMIER.

PENSIONS D'INVALIDITÉ.

Art. 1er. — Règles générales.

Le dossier de proposition définitivement établi doit comprendre toutes les pièces de nature à justifier l'octroi de la pension et à éclairer l'administration centrale sur les droits précis de l'intéressé.

D'une manière générale, la nature et le nombre des pièces à fournir ont été indiqués par l'instruction ministérielle du 31 mai 1920, mais on ne saurait songer à fixer à cet égard des règles invariables répondant à toutes les situations qui peuvent se présenter. Il appartiendra aux fonctionnaires de l'intendance, le cas échéant, de s'inspirer des directives qui vont être données pour faire annexer au dossier des documents non prévus de nature à justifier les droits à liquider; mais ils devront avoir le soin constant de n'imposer aux intéressés que la production des pièces absolument indispensables à la constatation de leurs droits.

Au point de vue de la liquidation, il y a lieu de distinguer :

1° La pension d'invalidité du grade complétée et majorée, s'il y a lieu, et à laquelle s'ajoutent les majorations pour enfants ;

2° La pension composée prévue par l'article 59;

3° La pension mixte prévue par l'article 60;

4° La pension ancien régime prévue par l'article 65;

5° La pension diminuée prévue par l'article 50;

6° La pension concédée sous le régime de la loi de 1831 et qui est à reviser;

7° La pension temporaire à renouveler;

8° L'attribution des majorations nouvelles pour enfants en cas de naissance d'enfants après la liquidation de la pension primitive.

Art. 2. — Pensions d'invalidité du grade.

Le dossier relatif à une proposition de pension d'invalidité doit comprendre toutes les pièces indiquées à l'article 28 de l'instruction ministérielle du 31 mai 1920.

Afin de permettre éventuellement la liquidation des majorations pour enfants, on ne doit pas omettre de comprendre dans le dossier de l'intéressé :

1° Un extrait d'acte de naissance portant filiation de tous les enfants âgés de moins de 18 ans et vivant à la date du point de départ légal de la pension;

2° Un certificat de vie collectif de tous ceux de ces enfants qui sont vivants à la date de la proposition;

3° Un extrait d'acte de décès des autres de ces enfants décédés depuis le point de départ légal de la pension;

Si aucune majoration pour enfant n'est due, on devra veiller à ce que la déclaration de l'intéressé en fasse mention ou qu'une déclaration spéciale à cet effet y soit annexée.

Art. 3. — Pensions prévues par les articles 59, 60 et 65 de la loi.

Pour les militaires susceptibles de recevoir application des articles 59 et 60 de la loi, un état de services soigneusement établi et dûment vérifié devra être annexé au dossier; il sera dressé de façon à permettre à l'administration centrale de déterminer exactement la pension due en tenant compte des dispositions des lois du 25 mars 1920 et du 16 avril 1920.

Cet état devra, en conséquence, faire ressortir d'une façon très précise la situation militaire de l'intéressé (militaire de carrière ou non), la durée de ses services effectifs, et le nombre des campagnes dont il doit bénéficier.

En ce qui concerne les militaires visés par l'article 65 de la loi, le procès-verbal de la commission de réforme devra mentionner quel barème a été utilisé pour la détermination du degré d'invalidité et le dossier devra comprendre, le cas échéant, une déclaration établie par l'intéressé et demandant l'application des tarifs de la loi de 1831.

Art. 4. — Pensions accordées à des bénéficiaires d'une rente prévue par la loi du 9 avril 1898 (art. 50 de la loi).

Tout dossier de proposition de pension, établi en faveur d'un militaire victime d'accidents de nature à ouvrir des droits, simultanément, à une pension d'invalidité et à une rente ou indemnité non cumulable avec une pension, devra comprendre : une déclaration de l'intéressé faisant connaître que son infirmité résulte d'un accident de la nature susvisée, et indiquant en même temps la procédure qu'il a employée ou a l'intention de poursuivre pour l'obtention de la rente ou de l'indemnité ainsi que, le cas échéant, le montant de la rente ou de l'indemnité qu'il a obtenue.

Le taux de la pension à liquider est égal à la différence entre le taux de la pension d'invalidité à laquelle l'intéressé aurait droit par le seul jeu de la loi du 31 mars 1919 et le montant de la rente ou indemnité obtenue, si le taux de la pension est supérieur au montant de ladite rente ou indemnité. Dans tous les cas, les majorations pour enfants donnent lieu à liquidation.

Si l'intéressé a négligé de solliciter la rente attribuée par la loi du 9 avril 1898, il aura droit provisoirement à la totalité de la pension militaire; mais, dans ce cas, il conviendra d'annexer au dossier tous documents de nature à permettre à l'administration des finances de se substituer à lui pour engager et pour suivre la procédure prévue par la loi sur les accidents du travail à fin d'obtention de rente ou d'indemnité.

Si, à l'issue de cette procédure, une rente est accordée, les arrérages dus au jour de la décision seront reversés au Trésor, et il ne sera concédé au bénéficiaire qu'une pension déterminée dans les conditions indiquées plus haut.

Il y a lieu de remarquer enfin que, conformément à l'article 18 de la loi du 9 avril 1898, modifié le 22 mars 1920, l'action en indemnité se prescrit par un an à dater du jour de l'accident ou de la clôture de l'enquête du juge de paix ou de la cessation de payement de l'indemnité temporaire.

Si donc, par application de ces dispositions, aucune action ne peut plus être intentée, soit par l'Etat soit par l'intéressé, la pension militaire doit être accordée en totalité.

Art. 5. — Revision d'une pension accordée sous le régime de la loi de 1831 à un militaire ayant droit à une pension de la loi du 31 mars 1919.

Les documents nécessaires pour permettre la revision d'une pension accordée sous le régime de la loi de 1831 à un militaire ayant droit à une pension de la loi du 31 mars 1919 doivent être réunis à la diligence des sous-intendants militaires départementaux auxquels incombe le soin d'en provoquer la production auprès des intéressés.

Ce sont :

1° Soit une attestation du pensionné indiquant qu'il ne peut prétendre à des majorations pour enfants;

2° Soit les bulletins de naissance, les certificats de vie, et, le cas échéant, les bulletins de décès prévus à l'article 2 qui précède.

Ces pièces justificatives sont adressées par le sous-intendant militaire départemental au sous-intendant militaire régional et comprises à cet effet dans un bordereau spécial indiquant les nom, prénoms, dernier corps d'affectation et adresse du militaire ainsi que le numéro, la date de concession et le montant du titre détenu par lui.

Le sous-intendant militaire régional procède alors à la liquidation de la pension définitivement due, compte tenu des dispositions de l'article 65 de la loi du 31 mars 1919 modifié par la loi du 23 décembre 1919.

Art. 6. — Renouvellement d'une pension temporaire.

Les pensions temporaires, lors de leur renouvellement, sont liquidées dans les mêmes conditions que les pensions primitives. La feuille de liquidation doit porter, pour chacune d'elles, la mention : « Reproduction ou renouvellement dans les conditions prévues par l'article 7 de l'instruction du 3 juin 1920 » et indiquer, si un titre a antérieurement été délivré, le numéro, la date de concession, la période de validité et le montant dudit titre.

Art. 7. — Attributions de nouvelles majorations pour enfants.

Si un enfant du postulant naît après l'envoi du dossier de pension d'invalidité, deux cas sont à considérer :

1° La naissance de l'enfant est postérieure à la remise du titre définitif de pension.

Il appartient à l'intéressé de faire parvenir un extrait d'acte de naissance et un certificat de vie concernant son nouvel enfant, au ministère des finances qui est chargé de procéder aux révisions nécessaires.

Les fonctionnaires de l'intendance n'ont pas à intervenir dans ce cas particulier; si, toutefois, ils sont saisis de documents de cette nature, ils doivent les transmettre sans délai directement au ministère des finances (Direction de la Dette inscrite) et en aviser les ayants droit.

2° Le titre définitif de pension n'est pas encore parvenu au bénéficiaire lors de la présentation de la demande de la majoration nouvelle.

La demande accompagnée de l'extrait d'acte de naissance et du certificat de vie est adressée par les soins du sous-intendant militaire au sous-intendant régional des pensions qui transmet d'urgence le dossier à l'administration centrale.

CHAPITRE II.

PENSIONS DE VEUVES OU D'ORPHELINS ET LES ALLOCATIONS D'ASCENDANTS.

ART. 8. — Nature des pièces à fournir.

Ainsi qu'il a été indiqué par l'instruction ministérielle du 3 juin 1920, les pièces conposant les dossiers de pension de veuve ou d'orphelins, ou d'allocation d'ascendant, forment quatre groupes :

1° Demande du postulant;
2° Pièces d'état civil ou émanant d'autorités civiles;
3° Pièces militaires;
4° Pièces médicales.

1° *Demande du postulant.* — La demande du postulant doit être rédigée par lui-même ou par son tuteur, ou par son représentant légal; elle est établie sur papier libre.

La signature du postulant doit être légalisée par le maire de la commune (par le commissaire de police de l'arrondissement de son domicile, en ce qui concerne Paris).

La demande est adressée avec les pièces qui doivent l'accompagner, au Ministre des pensions, sous le couvert du sous-intendant militaire chargé du service des pensions dans le département du domicile du requérant.

S'il s'agit d'une pension de reversion, les parties prenantes ont intérêt à joindre à leur demande la notification de concession de la pension du militaire. S'il s'agit d'une pension due aux orphelins par suite du décès de la mère ou d'une pension définitive à substituer à une pension provisoire, les parties prenantes ont également intérêt à joindre à leur demande le certificat de concession de la pension primitive.

2° *Pièces d'état civil ou émanant d'autorités civiles.* — Les pièces d'état civil ou émanant d'autorités civiles sont établies sur papier libre, et sans frais.

Les pièces d'état civil proprement dites consistent en extraits indiquant, outre le nom de la commune où les actes ont été adressés, la copie littérale de ces actes et des mentions et transcriptions mises en marge, à l'exception de tout ce qui est relatif aux pièces produites à l'officier d'état civil qui a dressé les actes et à la comparution des témoins.

Les pièces d'état civil ou émanant d'autorités civiles portent la date de leur délivrance; elles sont revêtues de la signature et du sceau de l'autorité qui les a délivrées; elles doivent ne comporter aucune altération, ni abréviation, ni surcharge; leur légalisation n'est pas exigée, sauf pour celles provenant de l'étranger qui doivent être légalisées soit par la légation ou l'un des consuls de France du pays de provenance, soit par l'agent diplomatique ou consulaire du pays en France.

Lorsque l'expédition est en langue étrangère, il est utile d'y joindre une traduction dûment certifiée; les actes rédigés en latin n'ont besoin de traduction que dans le cas où ils sont écrits en caractères non usités en France.

Si l'intéressé se trouve dans l'impossibilité de produire son acte de naissance, il y est suppléé par un acte de notoriété conforme aux dispositions des articles 70 et 71 du Code civil.

Ces pièces doivent, en principe, être produites par les postulants eux-mêmes, à qui les sous-intendants militaires en remettront les nomenclatures détaillées.

Toutefois, les rectifications de pièces produites doivent être demandées aux autorités compétentes par les sous-intendants militaires eux-mêmes, qui, dans la plus large mesure, agissent de la même manière pour l'obtention des pièces qui manqueraient dans les dossiers qu'ils reçoivent.

3° et 4° *Pièces militaires et pièces médicales.* — Ces pièces sont demandées aux services compétents par les sous-intendants militaires dans les conditions prévues par l'instruction ministérielle du 3 juin 1920.

Pièces devant obligatoirement être jointes aux dossiers. — Lorsqu'il existe plusieurs ayants droit d'un militaire (veuve, orphelins d'autre lit, enfants naturels, ascendants), il doit être constitué autant de dossiers qu'il y a de lits différents, d'enfants naturels ou d'ascendants ayant droit à pension ou à allocation distincte, mais sans qu'il soit nécessaire de fournir au total plus d'une expédition de chaque sorte de pièce.

Le dossier de la veuve, ou s'il n'existe pas de veuve, le dossier du dernier lit du militaire doit, en principe, comprendre la totalité des pièces mentionnées au présent article.

Les dossiers des autres ayants droit ne comprennent par contre, obligatoirement, que :

a) La demande des postulants;

b) Les pièces d'état civil ou émanant d'autorités civiles les concernant;

c) Les pièces médicales les concernant.

Art. 9. — Dossiers de pension de veuve.

Les dossiers de pension de veuve doivent comprendre :

A. — Demande de pension établie par la veuve (modèle A);

B. — Extrait de l'acte de naissance de la veuve;

C. — Extrait de l'acte de mariage de la veuve;

D. — Extrait de l'acte de décès (ou avis de décès, ou avis de disparition) du militaire;

E. — Extrait de l'acte de naissance (portant la filiation des père et mère) de chaque enfant âgé de moins de 18 ans et vivant au moment du décès du père;

F. — Certificat de vie collectif des enfants;

G. — Extrait de l'acte de décès de chaque enfant âgé de moins de 18 ans, décédé depuis la mort du père;

H. — Certificat de non divorce, de non séparation de corps, etc... (modèle B), délivré en présence de deux témoins;

I. — Extrait des états de service du militaire (1);

J. — Certificat constatant le genre de mort du militaire, certificat délivré par le dépôt du régiment du mari (le genre de mort peut d'ailleurs être simplement indiqué sur l'état des services précité).

Ce certificat peut être remplacé par l'avis de décès adressé par le maire ou par l'autorité militaire, si cette pièce porte la mention « tué à l'ennemi » ou « décédé des suites de blessures de guerre »;

K. — Certificat d'origine de blessure ou de maladie ou duplicata des billets d'hôpital des formations sanitaires dans lesquelles a été traité le militaire, si ces documents sont en possession des postulants, et, d'une façon générale, toute autre pièce de nature à préciser les circonstances du décès;

ART. 10. — Dossiers de pension d'orphelins.

Les dossiers de pension d'orphelins doivent comprendre :

A. — Demande de pension, modèle n° 6, établie par le tuteur, par le mineur émancipé, par le mari de l'orpheline mariée ou lorsque les circonstances s'opposent à la réunion du conseil de famille par toute personne produisant une attestation du maire de son domicile, affirmant qu'elle a en fait la garde du ou des orphelins, et souscrivant l'engagement de provoquer immédiatement la nomination du tuteur, et d'en donner avis au ministère des pensions (1er Service; 2e Bureau);

B. — Extrait de l'acte de naissance de chacun des orphelins

---

(1) Dans un but de simplification, l'extrait des services à mettre à l'appui des demandes de pension ou d'allocation par les ayants droit des militaires tués à l'ennemi, disparus ou morts des suites de blessures ne porteront que les mentions suivantes :

Nom et prénoms du militaire;
Date et lieu de naissance;
Filiation;
Date d'entrée en service;
Date de nomination au dernier grade;
Lieu, date et cause du décès ou de la disparition.

Toutefois, pour les ayants droit pouvant exercer une des options prévues par l'article 12 de l'instruction du 29 juin 1920, l'état des services devra, au contraire, comporter toutes annotations réglementaires.

Il en sera de même pour les ayants droit de militaires décédés de maladie; dans ce cas, en effet, il peut être utile de connaître les positions et affectations successives du défunt, en vue de rechercher l'origine et la marche de la maladie.

y compris ceux qui, âgés de moins de 18 ans, sont décédés depuis la mort du père ou de la mère;

C. — Extrait de l'acte de mariage des parents;

D. — Pièces D, visées à l'article précédent de la présente instruction, si la mère n'était pas titulaire de la pension du fait du militaire;

E. — Extrait de l'acte de décès de la mère, ou :

Extrait du jugement prononçant le divorce des parents, la séparation de corps contre la mère ou aux torts du père et de la mère, la déchéance paternelle de la mère ou la déchéance du droit à pension de la mère;

Extrait de l'acte de mariage de la mère justifiant qu'elle a perdu la qualité de Française;

F. — Certificat de vie collectif des orphelins;

G. — Extrait de l'acte de décès de chaque orphelin âgé de moins de 21 ans et décédé depuis l'ouverture du droit à pension d'orphelins;

H¹. — Certificat constatant l'existence des ayants droit à pension (modèle D) délivré en présence de deux témoins;

H². — Extrait de la délibération du conseil de famille nommant le tuteur ou émancipant l'orphelin, ou extrait de l'acte de mariage de l'orpheline mariée.

Ces dossiers sont à compléter, sous les réserves prévues au dernier paragraphe de l'article 8 de la présente instruction, par les pièces D, I, J, K, visées à l'article 9, et, le cas échéant, par la pièce O de l'article 12.

ART. 11. — Dossiers de pension d'enfants naturels.

Les dossiers de pension d'enfants naturels doivent comprendre :

A. — Demande de pension (modèle C) établie par leur mère tutrice légale ou par l'une des personnes énumérées à l'article précédent;

B. — Extrait de l'acte de naissance de chacun des enfants naturels reconnus, issus de la même mère, âgés de moins de 18 ans à la date d'ouverture du droit à pension; cet extrait doit mentionner la reconnaissance effectuée;

C. — Le cas échéant, copie du jugement prononçant la reconnaissance;

F. — Certificat de vie collectif des enfants naturels;

G. — Extrait de l'acte de décès de chacun des enfants naturels âgés de moins de 21 ans, issus de la même mère et décédés depuis la date d'ouverture du droit à pension.

Les dossiers sont à compléter obligatoirement par les pièces H¹ et H² visées à l'article 10 de la présente instruction et sous les réserves prévues au dernier paragraphe de l'article 8, par les pièces D, I, J, R, visées à l'article 9, et, le cas échéant, par la pièce O de l'article 12.

Art. 12. — Dossiers d'allocation d'ascendant.

Les dossiers d'allocation d'ascendant doivent comprendre :

A. — Demande d'allocation, modèle E établie par le père, en son nom et en celui de sa femme, ou par le père seul, ou par la mère seule, selon le cas, et par les grands-parents, dans les mêmes conditions.

B. — Extrait de l'acte de naissance de chacun des ascendants;

C. — Extrait de l'acte de naissance de chacun des militaires ouvrant droit à allocation ou à majoration;

E. — Extrait de l'acte de naissance de chacun des enfants infirmes ou âgés de moins de 16 ans, à la charge de la mère (s'il y a lieu);

F. — Certificat de vie collectif des enfants précités (s'il y a lieu);

G. — Extrait de l'acte de décès de l'ascendant décédé (s'il y a lieu);

H. — Certificat de nationalité (modèle F) délivré en présence de deux témoins;

L. — Certificat de non-imposition sur le revenu;

M. — Certificat de non-remariage (modèle G), délivré en présence de deux témoins (s'il y a lieu);

N. — Extrait du jugement du tribunal civil de la résidence, indiquant que le postulant a recueilli, élevé et entretenu le militaire orphelin (s'il y a lieu);

O. — Certificat d'expertise des médecins du centre de réforme qui ont été appelés à examiner les ascendants n'ayant pas l'âge prévu par la loi, ou les enfants du postulant atteints d'une infirmité ou d'une maladie incurable (s'il y a lieu).

Les dossiers doivent, en outre, être complétés, sous les réserves prévues au dernier paragraphe de l'article 8 de la présente instruction par les pièces D, I, J, K, visées à l'article 9.

Art. 13. — Transformation d'une pension provisoire de veuve
ou d'orphelins en pension définitive.

La transformation d'une pension provisoire en pension définitive est effectuée, en principe sur le vu d'une demande établie
par la partie prenante, et à laquelle est annexée une copie du
jugement déclarant le décès ou l'absence.

Toutefois, et, en vue d'éviter toutes démarches inutiles aux
ayants droit, l'administration centrale s'efforcera, dans la mesure du possible, de poursuivre d'office la revision nécessaire à
raison des jugements qu'elle aura provoqués.

CHAPITRE III.

DISPOSITIONS COMMUNES AUX PENSIONS D'INVALIDITÉ ET AUX PENSIONS
DE VEUVES, D'ORPHELINS OU ALLOCATIONS D'ASCENDANTS.

Art. 14. — Signature des pièces constitutives des dossiers.

Les diverses pièces constituant les dossiers doivent être revêtues de la signature des autorités qui les ont établies.

Pour les pensions d'invalidité, la demande d'admission modèle 5 (instruction du 31 mai 1920) est, par suite, signée du
postulant seulement.

La déclaration modèle 1 (instruction du 31 mai 1920) est signée du postulant, légalisée par le maire et revêtue de la signature du médecin-chef du centre spécial de réforme, ainsi que du
visa de l'officier délégué par le chef du corps ou du service au-
quel a appartenu l'intéressé.

Le certificat de position militaire, modèle 1 *bis* (instruction
du 31 mai 1920), est signé par le même officier délégué.

Toutes les pièces médicales constituant le dossier d'invalidité
doivent être revêtues de la signature des autorités qui les ont établies. Toutefois, le procès-verbal de la commission de réforme
doit, dans tous les cas, être visé par le sous-intendant militaire
qui a assisté à la séance.

Art. 15. — Visa des pièces par les sous-intendants militaires.

Sous réserve des dispositions prévues à l'article qui précède
et, conformément au décret du 19 février 1918, et de la circu-
laire du 3 juin 1918, le visa du sous-intendant militaire n'est
apposé que sur le bordereau énumératif des pièces constituant
les dossiers. Ce visa est ainsi libellé :

« Le sous-intendant militaire soussigné certifie avoir vu toutes
les pièces énumérées sur le présent bordereau. »

MAGINOT.

MINISTÈRE

DES PENSIONS.   RÉPUBLIQUE FRANÇAISE.   Instruct. ministérielle
du 30 juin 1920.

MODÈLE **A.**

DEMANDE DE PENSION DE VEUVE.

A   , le   192

Monsieur le Ministre,

J'ai l'honneur de solliciter de votre haute bienveillance la liquidation de la pension à laquelle j'ai droit en ma qualité de veuve de (1)

du (2)

a) { blessé } à l'ennemi le   à la bataille
{ tué }
de

b) décédé des suites de blessures de guerre............... { à l'hôpital
{ à l'ambulance
de

c) mort de maladie   à

Je déclare :

1° N'être titulaire d'aucune pension militaire et n'avoir formulé antérieurement aucune demande de pension.

2° N'avoir droit à aucune majoration de pension ou avoir droit à majoration de pension pour enfants.

Ci-joint, les pièces constituant mon dossier de pension.

Je désire toucher les arrérages de cette pension à
        département d

Adresse :   *Signature :*

Vu pour légalisation de la signature
de Mme

A   , le   192 .

Le Maire,

____

(1) Nom, prénoms et grade.
(2) Régiment *ou* corps.

MINISTÈRE

DES PENSIONS.   RÉPUBLIQUE FRANÇAISE.

MODÈLE **B.**

Instruct. ministérielle
du 30 juin 1920.

CERTIFICAT DE NON-DIVORCE, NON-SÉPARATION

DE CORPS, ETC.

Le Maire d   département d
sur la déclaration de l'intéréssée et l'attestation de MM.

1º

2º

CERTIFIE :

1º Que le mariage contracté le   à
département d   entre M
décédé le   et Mᵐᵉ
n'a pas été dissous par le divorce ;

2º Qu'aucune séparation de corps n'a été prononcée judiciairement entre les époux (1) ;

3º Que la veuve de M.   jouit de ses droits civils ;

4º Que M.   n'a laissé aucun enfant mineur issu d'un mariage antérieur, ni enfants naturels reconnus (2).

Fait à .   , le   192 .

L'Intéressée,   Les Témoins,   Le Maire,

Vu ponr la légalisation de la signature de M. le Maire
d   apposée ci-contre.

A   , le   192 .

---

(1) En cas de séparation de corps, modifier la formule et produire un extrait du jugement.

(2) Dans le cas où il existerait des enfants mineurs issus de précédents mariages du mari, modifier la formule en désignant quels sont ces enfants et en indiquant leur âge.

MINISTÈRE

DES PENSIONS. RÉPUBLIQUE FRANÇAISE.

MODÈLE C.

Instruct. ministérielle
du 30 juin 1920.

DEMANDE DE PENSION D'ORPHELINS (1).

Monsieur le Ministre,

Je soussigné (2)
demeurant à   , rue.   nᵒ
tuteur des orphelins *ou* orphelins émancipés (3) du nommé (4)
                              grade   au
régiment d   décédé le
à   des suites de   et qui
laisse   enfants mineurs de son mariage avec feu Mᵐᵉ (5)
                              décédée le   à
ai l'honneur de solliciter l'allocation d'une pension d'orphelin que je désire
toucher à   , rue
nᵒ   .

Je déclare que (6)   ne (7)
pas titulaire d'une pension du fait du militaire décédé et qu'il n'a pas été
déjà formulé une demande de pension d'orphelins.

Signature,

Vu pour la légalisation de la signature
de M.   apposée ci-dessus.

A   , le   192   .

Le Maire,

(1) Demande formulée par un tuteur *d'orphelin de père et de mère* ou *d'orphelin
de père* quand la mère est déchue de la puissance *paternelle* ou *par un orphelin
émancipé* d'un militaire décédé.
(2) Nom et prénoms du tuteur ou de l'orphelin.
(3) Rayer la mention inutile.
(4) Nom et prénoms du militaire décédé.
(5) Nom et prénoms de la mère décédée.
(6) Mes pupilles *ou* je.
(7) Sont *ou* je suis.

MINISTÈRE
DES PENSIONS.
———

Département d
Arrondissement d
Commune d

RÉPUBLIQUE FRANÇAISE.
———

MODÈLE **D.**
—

Instruct. ministérielle
du 30 juin 1920.

CERTIFICAT CONSTATANT

L'EXISTENCE DES AYANTS DROIT A PENSION.

———

Le Maire de la commune d
département d   sur le demande
de M
et l'attestation de MM.

CERTIFIE :

1º Que le défunt M. (1)
(2)

2º Que le susdit défunt M. (1)
n'a pas laissé d'autres orphelins mineurs que :
(3)

En foi de quoi le présent certificat a été délivré pour servir et valoir ce que de droit.

Fait à   , le   192 .

Le Demandeur,   *Les Témoins,*   *Le Maire,*

———

(1) Nom, prénoms, grade.
(2) A ou n'a pas laissé de veuve.
(3) Nom, prénoms, date et lieu de naissance.

MINISTÈRE

DES PENSIONS. RÉPUBLIQUE FRANÇAISE. Modèle E.

Instruct. ministérielle
du 30 juin 1920.

DEMANDE D'ALLOCATION POUR ASCENDANT

A , le 192 .

Monsieur le Ministre,

Je soussigné

domicilié à rue
ai l'honneur de solliciter le bénéfice de l'allocation
en raison du décès de mon

décédé le 191 à
des suites de

Je désire percevoir les premiers arrérages de ladite allocation à

J'affirme n'être titulaire d'aucune allocation d'ascendant et n'avoir formulé antérieurement aucune demande en vue de la liquidation de l'allocation à laquelle je prétends.

Je déclare, en outre, n'avoir pas d'enfants décédés soit comme militaires, soit comme marins, ouvrant droit à l'allocation ou autres que celui ou ceux ayant donné lieu à l'établissement de la présente demande.

Signature de l'Intéressé,

Vu pour la légalisation de la signature
de M. apposée ci-contre.

A , le 192 .

Le Maire,

MINISTÈRE
DES PENSIONS.

RÉPUBLIQUE FRANÇAISE.

MODÈLE F.

Instruct. ministérielle
du 30 juin 1920.

CERTIFICAT DE NATIONALITÉ.

Sur l'attestation et la signature de MM.

qui ont déclaré connaître le requérant,

Nous, maire de   certifions que

M.   ,

né à   , département d   ,

le   , demeurant dans cette commune,

rue   , n°   , est de nationalité française.

En foi de quoi nous lui avons délivré le présent certificat.

A   , le   192 .

Le Maire,

*Le Requérant et les
Témoins,*

MINISTÈRE
DES PENSIONS.

—

DÉPARTEMENT

d

—

CANTON

d

RÉPUBLIQUE FRANÇAISE.

—

Commune de

MODÈLE G.

—

Instruct. ministérielle
du 30 juin 1920.

CERTIFICAT

DE NON MARIAGE OU DE NON REMARIAGE.

Le Maire de   certifie sur l'attestation
et la responsabilité personnelle des sieurs

domiciliés à

que Madame   , née à

le   , domiciliée à   ,

n'a jamais contracté mariage *ou* ne s'est pas remariée depuis la mort de

son époux M.   , décédé le

ou est actuellement mariée *ou* remariée à M.

En foi de quoi il a été délivré le présent

que le requérant a signé pour lui servir d'obtention d'une allocation

d'ascendant.

A   , le   192 .

Les Témoins,   Le Requérant,   Le Maire,

Imprimerie militaire
Henri CHARLES-LAVAUZELLE
PARIS ET LIMOGES

www.ingramcontent.com/pod-product-compliance
Lightning Source LLC
LaVergne TN
LVHW011033050726
842519LV00004B/1358